ACTEURS.

JULIEN, Meûnier.

JULIENNE, sa femme.

COLETTE, leur nièce.

CLITANDRE, amant de Colette.

LÉPINE, son valet.

Mᵉ AGATHE, amoureuse de Charlot.

CHARLOT, amoureux de Colette.

LE BAILLI.

MATHURIN, garçon du Moulin.

La Scène est au Moulin.

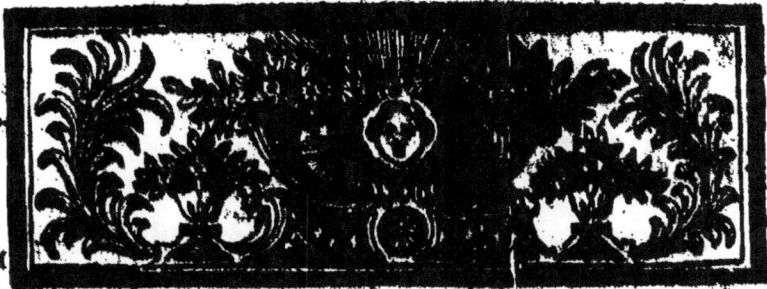

LE MARI
RETROUVÉ,
COMÉDIE.

SCENE PREMIERE.
LÉPINE, CLITANDRE.

LÉPINE.

A FOI, Monſieur, c'eſt une ſotte choſe que l'Amour, convenez-en de bonne foi ! tant que vous n'avez été que libertin, vous avez vécu le plus heureux homme du monde : pourquoi diantre changer des maniéres dont vous vous êtes ſi bien trouvé ?

CLITANDRE.

Que veux-tu que je faſſe, mon pauvre Lépine ? Il ne dépend pas de moi de réſiſter aux charmes de l'aimable Colette, & ſon mérite & ſa beauté me

A ij

paroiſſent dignes d'une fortune plus conſidéra-
ble que celle que je puis lui faire.

LÉPINE.

Comment, diable ! voilà une paſſion bien
ſérieuſe, au moins ; & pour la petite niéce
d'une Meûnière encore ! Cette aventure-là fera
du bruit, Monſieur, & ce ſera un des beaux
chapitres du Roman de votre vie.

CLITANDRE.

C'en ſera la concluſion, mon enfant, & je borne
tous mes deſirs, toute ma félicité au ſeul plaiſir
de me faire aimer d'une ſi charmante perſonne.

LÉPINE.

Hé fi donc, Monſieur, c'eſt bien à moi qu'il
faut dire cela.

CLITANDRE.

Je te dis vrai.

LÉPINE.

Quoi ! vous qui avez paſſé de ſi doux momens
dans les plus agréables compagnies de la Pro-
vince ; vous qui êtes la coqueluche de tout le
Gâtinois, & les délices de toutes les coquettes
de Montargis ; vous allez vous borner ici, &
vous amuſer à filer le parfait amour dans un
moulin ! Vous vous mocquez, je penſe.

CLITANDRE.

Je ne me moque point, je m'abandonne à ma
deſtinée. Je n'ai jamais rien vû de plus aimable

que Colette, & jamais je n'aimerai qu'elle.

LÉPINE.

C'est-à-dire, que vous voilà déterminé à ne vous point marier ; car apparemment vous ne voulez pas faire de la petite Meûnière autre chose qu'une Maîtresse ?

CLITANDRE.

Pourquoi non ? Est-ce la naissance qui doit déterminer au choix d'une femme ? c'est le mérite & la vertu qui font des mariages , & je trouve dans la personne de Colette tout ce qu'il faut pour me rendre heureux.

LÉPINE.

Puisque vous êtes absolument dans ce goût-là , Monsieur, j'en suis ravi , je vous assure : je vous en félicite , & je pourrai bien avoir l'honneur de devenir votre oncle !

CLITANDRE.

Comment, mon oncle ?

LÉPINE.

Oui , Monsieur, Madame Julienne la Meûnière est, comme vous sçavez , la tante de votre charmante Colette.

CLITANDRE.

Hé bien ?

LÉPINE.

Hé ! bien, Monsieur, je trouve dans la personne de la tante tout ce que vous trouvez dans celle de

la niéce : & comme je ne m'oppofe point à votre
fatisfaction, vous ne voudrez pas mettre obftacle
à ma petite fortune, peut-être.

CLITANDRE.

Quelles vifions tu te mets dans la tête! Toi,
époufer Madame Julienne ! il faut auparavant
qu'elle devienne veuve.

LÉPINE.

Oh ! elle l'eft, Monfieur, le Meûnier eft défunt, fur ma parole.

CLITANDRE.

Tu ne fçais ce que tu dis, cela n'eft point.

LÉPINE.

Que diantre feroit-il donc devenu? On l'a af-
fommé quelque part, fur ma parole ; tout le
monde le croit du moins : & il faut que Madame
Julienne en foit bien sûre, elle, car depuis
quelques jours elle eft d'un contentement, d'une
gayeté . . . . .

CLITANDRE.

Je lui pardonnerois de ne le pas regretter : un
fou, un imbécille, qui, fans la réfiftance de fa
femme, auroit rendu fa pauvre petite niéce malheureufe.

LÉPINE.

Il prétendoit la marier à Monfieur le Bailli,
& ce Monfieur le Bailli n'a pas encore renoncé
tout-à-fait à fes prétentions.

CLITANDRE.
Il peut fe flatter tant qu'il lui plaira, mais la tante eft dans mes intérêts.

LÉPINE.
Vos affaires font en bonnes mains, c'eft una maîtreffe femme. La voici, Monfieur.

SCENE II.

JULIENNE, CLITANDRE, LÉPINE.

JULIENNE.
VOtre farvante, Monfieu Clitandre. Hé l'bian, qu'oft-ce? êtes-vous toujours bian amou-reux de ma niéce? terminerons-je cette affaire-là! il ne faut point tant barguigner, je ferons le Con-trat quand vous voudrez. A quand la nôce? que j'y danferai de bon cœur! je ne me fuis jamais fentie fi fort en joye.

LÉPINE.
Oh! le bon-homme Julien eft trépaffé, il n'y a point de milieu.

CLITANDRE.
Que je fuis ravi, ma chére Madame Julienne, de vous trouver dans ces fentimens! fi ceux de vo-tre charmante niéce m'étoient auffi favorables.....

A iv

JULIENNE.

Seriais-vous encore à vous en appercevoir ? &
depuis un mois que son bourru d'oncle a quitté le
Moulin, n'avez-vous pas eu tout le tems & toute
la commodité de lui conter vos raisons, & de
sçavoir ce qu'elle a dans l'ame ?

CLITANDRE.

Je crois lire dans ses yeux & dans ses maniéres
qu'elle n'est pas insensible à ma tendresse : mais
j'ai beau là presser de consentir à l'union que vous
voulez faire, l'éloignement de votre mari, le dessein qu'il avoit de lui faire épouser ce malheureux
Bailli, la crainte où elle est qu'à son retour il ne
fasse éclater son ressentiment contre vous …

JULIENNE.

De quoi se mele-t-elle ? sont-ce-la ses affaires ?
Je veux le fâcher, moi, je veux qu'il me que-
relle, en cas qu'il me revienne, dà, car …

LÉPINE.

Oh ! Madame Julienne sçait bien ce qu'elle fait,
Monsieur.

JULIENNE.

Oh ! pour cela, oui, j'ai toujours voulu être la
maîtresse. Quand Julian me faisoit l'amour, il m'a
tant dit qu'il étoit mon serviteur, que je n'en ai
jamais voulu démordre. Du depuis que je sommes
mariés, il a voulu faire le maître, oh ! dame, je nous
sommes trouvés deux, je nous sommes querellés;

je nous sommes battus, auffi ça fait que je ne nous aimons guéres. A la parfin je l'y ai fait défarter la maifon ; & de cette magniére-là, je suis demeurée la maîtreffe, moi, comme vous voyez.

LÉPINE.

Si la niéce fuit l'exemple & les leçons de la tante, vous allez faire un beau mariage, Monfieur.

CLITANDRE.

Paix, tais-toi.

JULIENNE.

M'en croirez-vous, Monfieu Clitandre ? Sarvez-vous de l'occafion : vous aimez Colette, alle eft gentille, alle a de bon bian : j'ons vingt mille frans à elle, ça eft bon à prendre : je vous la veux bailler, parce que Julian la vouloit bailler à un autre. Si par aventure je n'avois plus perfonne qui m'obftinît, je changerois d'avis, peut-être, & vous en enragerais ; je gage.

CLITANDRE.

Oui, je ferois au défefpoir, fi vous deveniéz contraire à mon amour. J'adore votre aimable niéce, je fais tout mon bonheur de la poffeder : difpofez-la feulement à ce mariage ; nous en ferons, quand il vous plaira, la cérémonie.

JULIENNE.

Dame, acoutez, je prétends que ça faffe fracas dans le païs, & que tout le monde fçache que vous ferez mon neveu.

A v

CLITANDRE.

Je m'en fais trop de plaifir pour ne m'en pas faire honneur, je vous affure.

JULIENNE.

Bon, tant mieux, le Bailli en crévera de dépit, & je m'en vais faire prier de la nôce toutes les Meûnières des environs, pour qu'alles ayent la rage au cœur de voir Colette devenir groffe Madame.

LÉPINE.

La bonne perfonne, que Madame Julienne!

JULIENNE.

Il faut faire les fiançailles drès aujourd'hui, Monfieu Clitandre, je baillerai le feftin, moi, ayez-nous des Ménétriers tant-feulement.

LÉPINE.

C'eft mon affaire, à moi, je m'en charge.

CLITANDRE.

Et moi, je vais avertir ma famille de la réfolution que j'ai prife, les inviter à venir prendre part à mon bonheur, & je me rends enfuite auprès de votre charmante niéce, pour ne la quitter de ma vie.

JULIENNE.

L'aimable petit homme! Adieu, mon neveu.

SCENE III.

JULIENNE, LÉPINE.

JULIENNE.

CEtte parenté-là ne fera point de déshonneur à la profession, Monsieu de Lépeine.

LÉPINE.

Non vraiment, & voilà votre Moulin illustré, Madame Julienne.

JULIENNE.

Vous ne sçauriais croire le plaisir que ça me fait, & si pourtant je ne sis pas glorieuse.

LÉPINE.

Un peu d'ambition n'est pas blâmable.

JULIENNE.

Ça ne me tourmente point, & je voudrois que mon pauvre mari fût mort, on verroit bian que ce n'est pas la vanité qui me gouvarne.

LÉPINE.

Vous ne seriez pas fâchée d'être veuve, Madame Julienne?

JULIENNE.

Il m'est avis que non, Monsieu de Lépeine, je crois que ça est drôle : je ne l'ai jamais été, ça me seroit nouviau, & les femmes ne haïssont pas la nouviauté, comme vous sçavez.

A vj

LÉPINE.

Non vraiment.

JULIENNE.

S'il étoit vrai, comme chacun dit, que Julian fût défunt... je ne lui fouhaite point de mal, le Ciel m'en préferve.

LÉPINE.

Vous avez le cœur trop bon pour cela, affurément : mais fi le mal étoit arrivé par aventure ?

JULIENNE.

Oh ! Dame, en cas de ça, Dieu veuille avoir fon ame ; cet homme-là m'a bian tourmentée.

LÉPINE.

Vous ne vous remarieriez pas, je gage ?

JULIENNE.

Vous croyez cela, Monfieu de Lépeine ?

LÉPINE.

Oui, vous vous êtes fi mal trouvée de ce mari-là...

JULIENNE.

Hé voirement, ce feroit pour être mieux, que je voudrois en prendre un autre.

LÉPINE.

Cela eft de fort bon fens.

JULIENNE.

N'eft-il pas vrai ?

LÉPINE.

Il faudroit bien prendre garde au choix que vous feriez.

JULIENNE.

Il eſt déjà tout fait, Monſieur de Lépeine.

LÉPINE.

Il eſt déjà fait ! quelle précaution de femme !

JULIENNE.

Oh ! dame, je ne ſis pas une barguineuſe, moi.

LÉPINE, *à part.*

Parbleu, c'eſt à moi qu'elle en veut, je l'avois bien prévû, je ſerai l'oncle de mon maître.

JULIENNE.

Drès que je ſuis menacée de queuque accident, je ſonge d'abord au reméde, voyez-vous ?

LÉPINE.

C'eſt fort prudemment fait. Et quel heureux mortel, Madame Julienne, ſeroit l'antidote de votre veuvage ?

JULIENNE.

Un bon garçon, de qui je ferai la forteune, Monſieur de Lépeine.

LÉPINE, *à part.*

C'eſt moi.

JULIENNE.

Jeune, & de bonne himeur.

LÉPINE, *à part.*

Juſtement, c'eſt moi.

JULIENNE.

Beau, bien fait.

LÉPINE, *à part.*

Oh ! c'eſt moi ſans contredit.

JULIENNE.

Et de qui je fis fûre que je ferai ce que je voudrai.

LÉPINE.

Oui, Madame Julienne, je vous en réponds, & vous me verrez toujours l'homme du monde le plus amoureux & le plus reconnoiffant.

JULIENNE.

Je vous varrai amoureux ! de qui ? & reconnoiffant ! de quoi ?

LÉPINE.

De toutes les bontés que vous avez pour moi.

JULIENNE.

Hé ! voirement, je n'en ai point, ce n'eft pas vous que ça regarde.

LÉPINE.

Ce n'eft pas moi . . . . .

JULIENNE.

Hé fy donc, vous vous gauffez, je penfe. Oh ! vous n'êtes pas d'une corpulance à devenir Meû-nier, le Moulin dépériroit entre vos mains. Je fis bian votre farvante, je ne veux pas quitter la pro-feffion. Allez nous chercher des Menêtriers. Juf-qu'au revoir, Monfieur de Lépeine.

SCENE IV.

LÉPINE seul.

Maugrebleu de la masque, avec son Moulin. Ce sera quelque jeune Meûnier du voisinage qui lui aura donné dans la vûe. A la peinture qu'elle a faite pourtant, je me suis reconnu trait pour trait, beau, bien fait. Il est vrai qu'elle n'a point parlé de l'esprit & du mérite, c'est quelque manant dont elle est coëffée, & voilà l'erreur de la plûpart des femmes; ce n'est ni le mérite, ni l'esprit, c'est la taille & la figure qui font aujourd'hui la fortune des hommes.

SCENE V.

Me AGATHE, LÉPINE.

Me AGATHE.

Bon jour, Monsieur de Lépine, comment vous en va ?

LÉPINE.

Votre valet, Madame Agathe : fort à votre service.

Me AGATHE.

N'auriez-vous point vû la commére Julienne, par aventure ?

LÉPINE.

La voilà qui s'en va de ce côté.

Me AGATHE.

Je m'en vais courir après elle, j'ai une plaisante nouvelle à lui apprendre.

LÉPINE.

Et quelle ?

Me AGATHE.

Son mari n'est pas mort, Monsieur de Lépine.

LÉPINE.

Cette nouvelle-là ne lui plaira point, Madame Agathe, ne vous pressez point de la lui donner.

Me AGATHE.

Hé ! le plaisant n'est pas qu'il soit en vie, c'est qu'il va se marier.

LÉPINE.

Du vivant de sa femme ?

Me AGATHE.

Oui vraiment, il ne s'embarrasse pas de ça, & il faut y mettre empêchement, n'est-ce pas ?

LÉPINE.

Oh ! point du tout, il n'y a qu'à le laisser faire, elle lui rendra bien le change, sur ma parole.

Me AGATHE.

Je sçai bien qu'ils ne s'aiment guéres : mais ça ne

ne fait rien, une femme a beau ne se pas soucier de son mari, elle aime toujours bien mieux qu'il soit mort, que non pas qu'il en épouse d'autres.

LÉPINE.

Mais vous êtes bien sûre de cette nouvelle-là, Madame Agathe ?

Me AGATHE.

Si j'en suis sûre ? c'est le cousin Vincent qui me l'a dit; il revient de Nemours, comme vous sçavez.

LÉPINE.

Hé ! bien ?

Me AGATHE.

Hé ! bien il a trouvé là le Meûnier qui s'est fait Rat de cave. Ils ont joué bouteille à la boule ensemble, & en buvant, le Meûnier lui a tout conté; qu'il est amoureux de la fille d'un Cabaretier; qu'il y a trois ans que cet amour-là lui trotte dans la cervelle, & que comme il n'aime point Madame Julienne, & que Madame Julienne ne l'aime point, il a trouvé à propos de devenir veuf, sans qu'il mourût personne, & de se remarier en survivance.

LÉPINE.

Cela est fort commode : mais le Meûnier est fort indiscret.

Me AGATHE.

Oh ! il a bien recommandé le secret au cousin. Aussi le cousin ne l'a dit qu'à moi, je ne l'ai dit qu'à vous, je ne le dirai plus qu'à la commère Julienne.

LÉPINE.

Et je n'en ferai confidence qu'à trois ou quatre de mes amis, moi.

Me AGATHE.

Priez-les bien de n'en point parler, Monfieur Lépine. Je meurs d'impatience de le conter à la commere ; il eft bon qu'elle prenne un peu l'avis de fa famille là-deffus ; je crois qu'elle ne feroit pas mal de faire avertir celle de fon mari, qu'en dites-vous ?

LÉPINE.

Oui, oui, vous avez raifon, un fecret eft bien entre vos mains, Madame Agathe.

Me AGATHE.

Oh, je ne manque ni de difcrétion, ni de jugement, ni de conduite. Je vous dis adieu, Monfieur de Lépine.

SCENE VI.

LÉPINE *feul.*

Voilà un incident qui change la fituation de nos affaires ; il faut en faire part à mon Maître. Je n'ai que faire de me preffer de retenir les Menétriers jufqu'à nouvel ordre ; les fiançailles & le feftin pourront bien être retardés, & Madame Julienne ne danfera pas de fi bon cœur qu'elle croyoit, fur ma parole.

SCENE VII.
JULIEN, LÉPINE.

JULIEN, à part.

PAlſanguenne, il faut jouer de notre reſte : allons , bonne meine & mauvais jeu.

LÉPINE.

Hé ! parbleu, voilà le Meûnier qui revient de Nemours ; il lui a pris quelque remords de conſcience, apparemment.

JULIEN.

Je vians prendre congé de mon ancien ménage , & je tâcherai d'emporter de ſti-ci de quoi commencer à tenir le nouviau. Quand on n'eſt pas bian d'un côté , il n'y a pas de mal à ſe torner de l'autre.

LÉPINE.

Serviteur à Monſieur Julien.

JULIEN.

Ah ! votre valet , Monſieur de Lépeine.

LÉPINE.

Hé, d'où diantre venez-vous donc ?

JULIEN.

Je vians de voyager ; le monde eſt bian grand , Monſieur de Lépeine.

LÉPINE.

Oui vraiment, & vous aimez fort à voyager , vous , Monſieur Julien.

JULIEN.

Drès que Julianne & moi j'avons queuque grabuge, je me divartis à ça, c'est ma couteume. T'atigué que de Villes & de Villages ! & si parmi tout ça charchez-moi une bonne femme, vous n'en trouverez morgué pas tant seulement la queue d'une.

LÉPINE.

Vous êtes prévenu contre le sexe, Monsieur Julien : j'ai pourtant ouï dire qu'à Nemours il y avoit d'assez bonne pâte de filles, & qui promettoient...

JULIEN, *à part.*

A Nemours ? ce drôle-là est sorcier, ou bian la mèche est découvarte. Faisons bonne contenance.

LÉPINE.

Vous y avez passé à Nemours ?

JULIEN.

Oui, mais je n'y ai passé qu'en passant... Comment se porte Juliane, Monsieur de Lépeine ; j'aime toujours cette masque-là, queuque chagrin qu'alle me baille. J'avons à tout bout de champ maille à partir ensemble ; & velà déjà la troisième fois qu'alle me fait désarter la maison.

LÉPINE.

Et vous désertez toujours du côté de Nemours, Monsieur Julien ?

JULIEN, *à part.*

Il a morgué queuque soupçon de l'affaire.

LÉPINE.

Vous avez un grand foible pour cette Ville-là, Monsieur Julien.

JULIEN.

Et vous itou, Monsieur de Lépeine, vous en parlez souvent : y auriais-vous queuque connoissance ?

LÉPINE.

Si j'y en ai ? J'y ai été Rat de Cave.

JULIEN, *à part.*

Rat de Cave ? Il se gausse pargué de moi.

LÉPINE.

Il y avoit dans ce tems-là une jolie fille dans une certaine hôtellerie, là ; comment appellez-vous ? aidez-moi à dire.

JULIEN.

La fille de l'Ecu ?

LÉPINE.

Oui, justement, la fille de l'Ecu.

JULIEN, *à part.*

Ce drole-là me veut faire parler : défions-nous de ly.

LÉPINE.

Elle s'appelle, je pense, Mademoiselle.... j'aurai oublié son nom, Mademoiselle.... Mademoiselle....

JULIEN.

Mademoiselle Margot.

LÉPINE.

Là voilà, Mademoiselle Margot de l'Ecu, c'est elle-même.

JULIEN, *à part.*

Il me tire morgué les vars du nez ; baillons-nous de garde.

LÉPINE.

C'étoit une aimable perſonne dans le tems que je l'ai vûe.

JULIEN.

Oh ! parguenne, alle l'eſt plus que jamais : ſi vous la voyais, c'eſt un petit charme.

LÉPINE.

Ah ! que j'ai été vivement amoureux d'elle, Monſieur Julien !

JULIEN.

Pas tant que moi, je gage ; j'en pars l'eſprit, pis qu'il faut vous le dire.

LÉPINE.

Oui vraiment ! Je vous en félicite. Voilà donc la cauſe de vos fréquentes promenades, Monſieur Julien ?

JULIEN, *à part.*

Morgué, je jaſe trop ; mais je ne ſçaurois m'en tenir.

LÉPINE.

Et ſi Madame Julienne vient à ſçavoir....

JULIEN.

Oh ! palſangué, ne ly en parlez pas ; ne me jouez pas ce tour-là, Monſieur de Lépine.

LÉPINE.

Promettez-moi donc de ne vous plus oppoſer au mariage de mon maître avec votre niéce, & je vous promets, moi, de vous garder le ſecret.

JULIEN.

Pargué, de tout mon cœur. Touchez-là, voilà qui est fait, je baille ma parole : mais *motus* au moins.

LÉPINE.

Je vous répons de moi. Mais si d'ailleurs on venoit à découvrir . . . . .

JULIEN.

On ne sçauroit, je sis trop dissimulé. Il y a morgué trois ans que ça dure, & parsonne ne se doute de rian, vous n'en sçavez pas le plus principal vous-même. Oh ! pour ce qui est de ça, je sis un rusé manœuvre.

SCENE VIII.

JULIEN, JULIENNE, LÉPINE, Me AGATHE.

JULIENNE.

AH, ah! te voilà, je pense ? & de quoi t'a-vises-tu de revenir ici, bon vaurien ?

JULIEN.

Madame Juliane !

LÉPINE.

Voilà un mari bien reçû chez lui !

Me AGATHE.

On disoit que vous étiez mort, Monsieur Julien, cela n'est donc pas ?

JULIEN.

Non vraiment, je ne le fis pas.

JULIENNE.

Hé! pourquoi ne l'es-tu pas, dis? Je ne sçai qui me tient que je ne te dévisage.

LÉPINE.

Hé, la, la, sans emportement.

JULIEN,

Velà toujours de vos magniéres, Madame Juliane.

JULIENNE *pleurant*.

Il vaudroit bian mieux pour moi que tu le fusses, que non pas de mener la vie que tu menes.

Me AGATHE.

Oh! pour cela, Monsieur Julien, vous êtes un méchant homme, d'abandonner comme ça tous les ans une pauvre femme qui vous adoreroit si vous étiez raisonnable.

JULIENNE *pleurant*.

Vous sçavez mieux que parsonne, ma commere, toutes les piéces que ce libartin-là m'a faites; & si pourtant l'autre jour, quand on nous vint dire qu'il étoit défunt, queule inquiétude est-ce que ça me donnit! je vous en fais juge.

Me AGATHE.

Et moi, ma commere? il falloit nous voir; nous étions toutes deux dans des impatiences de sçavoir ce qui en étoit. L'incertitude de ces choses-là fait bien souffrir une pauvre femme, Monsieur de Lépine.   LÉPINE

COMEDIE. 27

LÉPINE.

Cela est vrai, tout le monde étoit d'une afflic-
tion.... Vous êtes furieusement aimé, Monsieur
Julien ; & quand vous êtes arrivé, je m'en allois
chercher des ménétriers, pour nous aider ce soir
à consoler tout le Village.

JULIENNE.

Ne suis-je pas bien malheureuse !

JULIEN.

Entrons dans la maison, Madame Julianne, &
nous parlerons....

JULIENNE.

Dans la maison ? Oh ! ne t'avises pas d'y mettre
le pied, je ne veux pas que tu en approches. Si
tu regardes la porte seulement...

JULIEN.

Comment ? comment donc ? Qu'est-ce que cela signifie ?

LÉPINE.

Le Meûnier ne sera pas le Maître dans le Moulin, sur mon honneur.

JULIENNE.

J'y mettrois plutôt le feu que non pas qui
le fût.

JULIEN.

Quelle enragée ! Mais acoutez donc, Madame
ma femme, vous le prenez là sur un ton...

B

JULIENNE.

Ta femme, moi ? moi ta femme ? Ah le bon traître ! Il croit parler à sa cabaretière de Nemours, ma commère.

LÉPINE.

A la cabaretière de Nemours !

JULIEN.

La mienne est inventée : mais chut.

Me AGATHE.

Etes-vous bien content de votre nouveau ménage, Monsieur Julien ?

JULIEN.

Qu'est-ce que vous voulez dire avec votre nouveau ménage ? Morgué, vous avez une langue de vipère, Madame Agathe. Vous croyez les contes qu'on vous fait, Madame Julianne ?

JULIENNE.

Des contes, bon pendard ! Oh ! la gueule du Juge en pètera, tu seras pendu, je t'en répons.

JULIEN.

Je serai pendu, moi ?

Me AGATHE.

Oüi, par votre cou, mon compere Julien.

JULIEN.

Madame Julianne.

JULIENNE.

Tu m'as fait trop de fredaines, je veux devenir veuve.

JULIEN.

Madame Agathe.

Mᵉ AGATHE.

Un debauché qui prend deux femmes ; au diable, au diable, point de miféricorde.

JULIEN.

Par ma foi, vela deux méchantes carognes.

JULIENNE.

Mais ! voyez ce fripon, cet infolent qui nous
injurie.

Mᵉ AGATAE.

Ce débauché, ce miferable ! Il perd le refpect
qu'il nous doit, ma commere.

JULIEN.

Comment du refpect ! Je me donne au diable
fi vous me faites prendre un tricot, je le pardrai
morgué, bian davantage, prenez-y garde.

JULIENNE.

Un tricot ! au focours, à la force, on me roue
de coups, on m'affaffine, à la Juftice, à la Juftice.

Mᵉ AGATHE.

Un tricot ! bon, ferme, courage, ma commere, à la Juftice, à la Juftice.

SCENE IX.

JULIEN, LÉPINE.

JULIEN.

ALles avont le diable au corps, Monsieur de Lépeine.

LÉPINE.

Oüi vraiment, & je vous trouve fort à plaindre d'avoir affaire à ces deux masques-là.

JULIEN.

Moi ! palsangué, je ne les crains point, je les mets à pis faire.

LÉPINE.

S'il étoit vrai que vous eussiez épousé cette Mademoiselle Margot de l'Ecu, l'affaire seroit fâcheuse.

JULIEN.

Oh ça n'est morgué pas fait à demeurer, il n'y a encore que le Contrat de dressé, voyez-vous.

LÉPINE.

Que le Contrat de dressé ! Oh ! ce n'est qu'une bagatelle, on ne sçauroit vous faire un crime que de l'intention, & je vois bien que cela n'ira qu'aux Galéres.

JULIEN.

Aux Galeres, Monsieur de Lépeine !

L É P I N E.

Oüi, à moins que votre femme n'eût pour ami
quelque Juge qui eût l'adresse de donner un tour
à l'affaire, & de vous faire pendre à sa considéra-
tion.

J U L I E N.

Alle est morguenne, assez malicieuse pour ça.
Mais vola une extravagante créature ! Alle vou-
droit être défaite de moi, je voudrois être débar-
rassé d'elle ; qu'alle me passe veuf, je la passerai
veuve. Il m'est avis qu'il ne faudroit pour ça
qu'un petit mot d'accommodement sous seing pri-
vé ; & quand je serions d'accord une fois, ce ne
seroit l'affaire de parsonne ; Qu'est-ce qui s'avise-
roit de nous plaider ?

L É P I N E.

Vous avez raison ; Mais Madame Julienne est
une femme réguliere qui veut être veuve dans
toutes les formes ; c'est là sa folie.

J U L I E N.

Ce seroit bian la mienne itou : mais commen
s'y prendre ?

L É P I N E.

Elle va faire sa plainte, & l'on informera contre
vous. Je ne vous crois pas ici trop en sûreté,
Monsieur Julien, si vous m'en croyez.

J U L I E N.

Parguenne, à bon chat, bon rat : pis qu'alle

le prend comme ça , je m'en vas l'y jouer d'un tour
à quoi elle ne s'attend pas : le Bailli est plus de
mes amis que des siens , alle n'a qu'à se bian tenir.

LÉPINE.

Comment ? Quel est votre dessein ?

JULIEN.

Tatigué , je n'en dirai mot de stila , en arrivera
ce qui pourra , je varrons lequel ce sera de nous
deux qui aura plutôt l'esprit de faire pendre l'autre.
Votre valet , Monsieu de Lépine , jusqu'au revoir.

LÉPINE.

Je vous baise les mains , Monsieur Julien.

SCENE X.

LEPINE, CHARLOT.

LÉPINE, *à part.*

Voilà une agréable société. Il y a d'heureux
mariages dans le monde !

CHARLOT, *à part.*

L'amour & la jalousie me feront devenir fou,
moi qui fis si sage & si raisonnable.

LÉPINE, *à part.*

Voilà le garçon du Moulin de Madame Julienne.
Ah ventrebleu ! ne seroit-ce point lui qui lui auroit donné dans la vue , & qu'elle coucheroit en
joue en cas de veuvage ?

CHARLOT, *à part.*

N'eſt-ce pas-là le valet de ce Houberiau, qui fait l'amoureux de ma chére Colette ?

LÉPINE, *à part.*

Que parle-t'il, de Colette ?

CHARLOT, *à part.*

Je ne l'y ôterai morgué pas mon chapiau le premier, je l'y en veux trop.

LÉPINE.

Qu'eſt-ce que c'eſt donc, Monſieur Charlot, vous me paroiſſez bien fier aujourd'hui ?

CHARLOT.

Parguenne, comme de couteume, & ſi ça ne vous convient pas, je m'en gauſſe; je ne vous charchons pas, laiſſez-nous en repos.

LÉPINE.

Vous avez quelque choſe dans la tête, à ce qu'il me ſemble ?

CHARLOT.

Ça eſt vrai, il vous ſemble bian, j'y ai la volonté de vous paumer la gueule, Monſieu de Lépeine.

LÉPINE.

A moi ?

CHARLOT.

Ouï, palſanguenne à vous : vous êtes un débaucheux de filles. Je ſis Garde-Moulin, le Meûnier n'y eſt pas, vous en voulez à la niéce; mais ſi vous me faites prendre un gourdin. . . .

B. iiij

LÉPINE.

Qu'est-ce à dire, un gourdin ?

CHARLOT.

Je ne parle pas pour à stheure, c'est une magniere d'avertissement, pour en cas que vous y reveniais.

LÉPINE.

J'y reviendrai quand il me plaira, Monsieur Charlot.

CHARLOT.

Quand il vous plaira, Monsieur de Lépeine ?

LÉPINE.

Assurément, quand il me plaira.

CHARLOT.

Hé bian, revenez-y, ce font vos affaires, vous êtes le maître.

LÉPINE.

Et si vous vous avisez de faire le raisonneur, sçavez-vous bien que vous vous attirerez mille coups de bâton, mon petit ami ?

CHARLOT.

Mille coups de bâton ! c'est biaucoup, Monsieur de Lépeine.

LÉPINE.

Vous les aurez, si vous raisonnez.

CHARLOT.

Hé bian, je ne raisonnerai point, vela qui est fini.

LÉPINE.

Vous ferez fagement; & pour vous faire voir qu'on ne vous craint guéres, c'eft que je veux bien vous avertir que mon maître époufe aujourd'hui Colette; entendez-vous?

CHARLOT.

Il époufe aujourd'hui Colette, Monfieur de Lépeine?

LÉPINE.

Oüi, vous dis-je.

CHARLOT.

Et il l'époufe en vrai mariage?

LÉPINE.

En vrai mariage. Le feftin eft commandé, les parens & les amis priés; je m'en vais chercher les violons, moi.

CHARLOT.

Hé! mais morgué, que votre maître ne faffe pas cette fotife-là, il s'en repentiroit. Colette eft amoureufe de moi, Monfieur de Lépeine.

LÉPINE.

Colette eft amoureufe de vous?

CHARLOT.

Dès le cerciau, vous dit-on, je l'ai élevée à la brochette; & tenez, la vela qui viant, je m'en vais vous le faire dire.

LÉPINE.

Parbleu, je le voudrois de tout mon cœur, mon maître n'auroit que ce qu'il merite.   B v

SCENE XI.

COLETTE, LEPINE, CHARLOT.

COLETTE.

BOn-jour, Charlot.

CHARLOT.

Comme alle me dit bon-jour de bonne amitié, voyez-vous ?

LÉPINE.

Cela est fort tendre.

COLETTE.

Votre servante, Monsieur de Lépine.

LÉPINE.

Je vous baise bien les mains, Mademoiselle Colette.

COLETTE.

Qu'est-ce donc, mon garçon ? tu me parois tout triste ?

CHARLOT.

Hé ! tatigué, comment ne le serois-je pas ? n'an veut bailler du croc en jambe à l'amour que j'avons l'un pour l'autre.

COLETTE.

Nous avons de l'amour l'un pour l'autre ! Qui t'a dit cela, Charlot ?

CHARLOT.

Hé! pargué, je fens bian le mien, parfonne n'a que faire de me le dire; & pour ce qui eft du vô- tre, il m'eft avis que du depis quatre ans vous m'en avez baillé tant de fignifiance. . . .

LÉPINE.

Haye, haye, haye.

COLETTE.

Je t'ai dónné des fignifiances d'amour, moi? Hé! qu'eft-ce que c'eft que l'amour, Charlot, je ne le connois pas encore?

CHARLOT.

O! tatigné non, qualle ignorante! alle en fçait morgué bian plus qu'alle ne dit, Monfieu de Lépeine.

COLETTE.

Mais vraimént, Charlot, tu perds l'efprit, & tu ferois croire des chofes. . . .

CHARLOT.

Pargué, je le fais exprès; je fis bian-aife qu'on fçache ce qui en eft, & je ne veux pas que vous attrapiais parfonne: oh! j'ai de la confcien- ce, moi.

LÉPINE.

Voilà un honnête garçon.

COLETTE.

J'en ai auffi, je t'affure; & pour te tirer de ton erreur, je te dirai en bonne confcience que je ne

t'aime point, que je ne t'ai jamais aimé, & que je
ne t'aimerai de ma vie.

LÉPINE.

Cela est fort clair, Monsieur Charlot, & voilà
une déclaration dans les formes.

CHARLOT.

Oh ! palsanguenne, alle ne pense point ça, c'est
pour vous le faire accroire : morgué c'est un ani-
mal bien trompeux que la femelle d'un homme !

LÉPINE.

Il ne faut pas toujours se fier aux apparences,
Monsieur Charlot.

CHARLOT.

Me traiter de la magnière ! allez, cela n'est ni
biau ni honnête, après tout ce qui s'est passé depis
que je nous connoissons.

COLETTE.

Hé ! que s'est-il passé, dis maroufle, qui te fasse
penser que j'ai de l'amour pour toi ?

CHARLOT.

Quoi ! je n'ons pas joué ensemble à la Madame,
à Colin-Maillard, à la Queu-leleu, à Petangueule !

COLETTE.

Hé bien !

CHARLOT.

Ce n'est rien que ça, n'est-ce pas ? & quand je
jottions à la Cleumisette ; acoutez, ne me faites
pas parler.

COLETTE.

Parle, parle, je ne te crains point : quand nous jouions à la Cleumifette ; que veux-tu dire ?

CHARLOT.

On nous trouvoit tous deux dans la même cache. Sont-ce des preuves que ça, Monfieur de Lépeine ?

LÉPINE.

Non vraiment.

COLETTE.

Voyez le grand malheur ! Hé ! pourquoi m'y venois-tu trouver, dis ?

CHARLOT.

Parce que je vous aime : Mais pourquoi ne me chaffiais-vous pas, vous ?

COLETTE.

Parce que je ne fçavois pas que tu m'aimaffes, & que je ne t'aimois pas, moi.

CHARLOT.

Alle ne m'aimoit pas ! qu'alle eft trigaude! Quand je danfions aux chanfons, alle étoit toujours la premiére à me prendre, & fi alle auroit voulu pouvoir me tenir par les deux mains, tant alle étoit affotée de ma parfonne.

COLETTE.

Tu t'es figuré cela, mon pauvre Charlot.

CHARLOT.

Oh ! pargué non, je fçai bian ce que je dis. Tenez, Monfieu de Lépeine, alle faifoit cent fois plus de careſſe aux francs moigneaux que je ly dénichois, qu'à tous les marles que lui bailloient les autres. Morgué, n'eſt-ce pas là de l'amour? je vous en fais juge.

LÉPINE.

Il y a quelque choſe à dire à cela, vous avez raiſon: mais il n'y a pas de quoi rebuter mon maître, & ces bagatelles-là ne l'empêcheront pas de conclure le mariage.

CHARLOT.

Ça ne l'en empêchera pas?

LÉPINE.

Non vraiment.

CHARLOT.

Tatigué, que je ſis fâché de ce qu'il n'y en a pas davantage.

COLETTE.

J'en ſuis fort contente, moi. Tu l'aurois dit de même?

CHARLOT.

Oh! pour ſti-là, oui, je vous en réponds.

COLETTE.

Où eſt votre maître, Monſieur de Lépine?

LÉPINE.

Vous ne tarderez pas à le voir; je vais vous l'amener dans le moment même.

COLETTE.

Et moi, je vais l'attendre avec impatience.

CHARLOT.

Hom, la mafque !

SCENE XII.

COLETTE , CHARLOT.

COLETTE.

ADieu, Charlot, ne te chagrine point ; je t'aimes toujours un peu. Va, tiens, baife ma main.

CHARLOT.

Non, morgué, je n'en ferai rian, je cracherois plutôt deffus. Fy, pouas, la perfide, la vilaine.

COLETTE.

Tu fais le mauvais, tant pis pour toi, je ne m'en foucie guéres.

SCENE XIII.

CHARLOT feul.

CEs carognes de filles ! être déja traîtreffes, à cet âge-là ! Ça ne s'apprend point, ça leur viant tout feul. Tians, baife ma main, le biau ré- gal ! C'eft Madame Julianne qui fait ce mariage

pour me faire pièce ; car alle est fâchée que j'aime
Colette , marguenne alle me le payera t le Bailli
l'aime itou cette Colette , c'est un matois qui en
fçait bian long ; je m'en vais le trouver , je leur
baillerons du fil à retordre.

SCENE XIV.

Mᵉ AGATHE, CHARLOT.

Mᵉ AGATHE.

Hé ! où vas-tu si vîte , Charlot ? attens , attens ; j'ai quelque chose à te dire.

CHARLOT.

Dépêchez-vous donc ; car j'ai queuque chose à
faire , moi.

Mᵉ AGATHE.

Colette va être mariée avec un Monſieur , fçais-
tu bien cela ?

CHARLOT.

Oh, morguenne ! ça n'est pas bien sûr , j'y bou-
trons queuque empêchement , ou je ne pourrons.

Mᵉ AGATHE.

Hé ! pourquoi ça ? qu'est-ce que ça te fait ?

CHARLOT.

Comment morgué ! qu'est-ce que ça me fait ?
Ne seroit-ce point vous qui auriais baillé conſeil à
notre maîtreſſe de me jouer ce tour-là ?

Mᵉ AGATHE.

Moi ! par quelle raiſon ?

CHARLOT.

Morgué, que fçais-je ? Pour m'avoir peut-être, car vous êtes folle de moi, Madame Agathe.

Mᵉ AGATHE.

Je suis folle de toi, tu ne le mérites guéres.

CHARLOT.

Si fait, parguenne, il n'y a que Colette que j'aime mieux que vous, la peste m'étouffe !

Mᵉ AGATHE.

Hé ! pourquoi l'aimes-tu mieux que moi, dis ?

CHARLOT.

Pargué, parce qu'alle me plaît davantage. Que voulez-vous que je vous dise ?

Mᵉ AGATHE.

Elle te plaît davantage ! une petite coquette !

CHARLOT.

Ça est vrai.

Mᵉ AGATHE.

Qui te préfère un autre amoureux.

CHARLOT.

Vous avez raison.

Mᵉ AGATHE.

Et cela ne te corrige point de la passion que tu as pour elle ?

CHARLOT.

Pargué non ; & je vous préfère bien Colette, moi, ça vous corrige-t-il ?

M^e A G A T H E.

Cela le devroit bien faire.

C H A R L O T.

Oui, mais ça ne le fait pas, & pourquoi velez-vous que je ne fois pas auffi mal-aifé à corriger que vous, Madame Agathe?

M^e A G A T H E.

Mais promets-moi donc que tu m'époufcras, fi tu ne peux empêcher le mariage de Colette.

C H A R L O T.

Oh! pour ce qui eft d'en cas de ça, je le veux bian. Si Colette m'échappe, je me baille à vous par défefpoir, vela qui eft fini.

M^e A G A T H E.

Par défefpoir! je ne te devrois qu'à ton défefpoir?

C H A R L O T.

Tatigué qu'importe à qui? Vous ne velez que m'avoir une fois, vous m'aurais, & je vous baillerai la préférence fur Madame Julianne qui me marchande itou.

M^e. A G A T H E.

La commère Julienne eft amoureufe de toi!

C H A R L O T.

Oui, alle me mitonne pour en cas qu'alle foit veuve: mais queuque fot, je ne m'y frote pas. Drès que je ferions mariés alle en mitonneroit peut-être queuque autre pour être veuve de moi. Je n'aime morgué point ces prévoyeuses-là, Madame Agathe.

Me AGATHE.

Et tu as bien raison.

CHARLOT.

Tatigué, je ly en veux plus qu'à une autre, stelle-là, c'est elle qui fait le mariage de Colette.

Me AGATHE.

Toujours Colette. Cela te tient bien au cœur, petit vilain.

CHARLOT.

J'en ferois plus d'à demi consolé si alle époufoit queuque autre que cet Houberiau, & que je trouviffe la magniere de me vanger de Madame Julianne. Morguenne, aidez-moi à ça, Madame Agathe.

Me AGATHE.

Très-volontiers, mais comment s'y prendre ?

CHARLOT.

Comment morguenne ! Allons demander conseil à Monfieur le Bailli, c'est bian le meilleur homme, le plus honnête, le plus habile homme, pour faire du mal à queuqu'un, dà. Il fçait morgué fur le bout du doigt toutes les rubriques de la Juftice.

Me AGATHE.

Ça n'est pas mal imaginé. Allons, viens.

CHARLOT.

Non, ne bougeons, le vela ly-même tout à point, comme fi je l'avions mandé. Sarviteur, Monfieu le Bailli.

SCENE XV.

Me AGATHE, LE BAILLI, CHARLOT.

LE BAILLI.

BOn-jour, Monfieur Charlot, bon-jour.

Me AGATHE.

Monfieur le Bailli, je fuis bien votre fervante.

LE BAILLI.

Votre valet, Madame Agathe. Hé bien, qu'eft-ce, mes enfans? Voilà d'étranges nouvelles, cette fcélerate de Julienne!

CHARLOT.

Morgué, bon, il enfourne bian, j'aurons bon-ne iffue. Vous fçavez déja ça, Monfieu le Bailli?

LE BAILLI.

Il y a plus de quinze jours que je le foupçonne; mais je n'ai point voulu faire d'éclat que je n'en euffe quelque certitude.

CHARLOT.

Oh! parguenne, n'y a point à en douter à préfent, c'eft une affaire fûre.

Me AGATHE.

On ne parle d'autre chofe dans tout le Village.

LE BAILLI.

En fçavez-vous quelque particularité , & ne pourriez-vous point fervir de témoins dans tout ceci, vous autres ?

CHARLOT.

Pargué vous en farvirez vous-même ; ils allont faire la nôce , & vela les menêtriers qui allont venir.

LE BAILLI.

Comment des Menêtriers ! la nôce de qui ?

Me AGATHE.

La nôce de Colette, que Madame Julianne fait époufer à ce Monfieur Clitandre.

LE BAILLI.

Vraiment, vraiment , elle prend bien fon temps pour faire une nôce. Oh ! je troublerai la fête, fur ma parole.

CHARLOT.

Et vous ferez fort bian, Monfieur le Bailli.

LE BAILLI.

La malheureufe !

CHARLOT.

Acoutez, c'eft une méchante femme. Eft-ce que vous fçauriais queuqu'une de fes petites fredaines.

LE BAILLI.

Oui de fes petites fredaines, une bagatelle ; elle a fait noyer fon mari feulement.

CHARLOT.

Alle a fait noyer Monfieur Julian ! Vela pourquoi alle me mitonnoit, voyez-vous.

Me AGATHE.

Ça ne fe peut pas, Monfieur le Bailli, je viens
de le voir.

LE BAILLI.

Vous avez rêvé cela, Madame Agathe, il y a
plus d'un mois qu'il eft défunt, je le fçai de bonne part.

Me AGATHE.

Il n'y a qu'un quart-d'heure que j'ai quitté
Monfieur Julien, vous dis-je.

LE BAILLI.

Oüi, un faux Monfieur Julien qu'elle aura at-
titté pour faire prendre le change.

Me AGATHE.

Oh ! point du tout, c'eft le véritable, elle l'a reçû comme un vrai mari, je l'ai aidée à le battre,
moi, Monfieur le Bailli, puifqu'il faut vous le dire.

LE BAILLI.

Bagatelle, je ne donne point là-dedans ; & nous
avons, le Procureur Fifcal & moi, commencé une
procédure que nous foutiendrons vigoureufement

CHARLOT.

Je vous le difois bian, Madame Agathe, c'eft
un bian honnête homme, un bian habile homme
que notre Monfieur le Bailli.

Me AGATHE.

Mais le compere Julien n'est point défunt, ce font des contes.

CHARLOT.

Je crois pargué bian que fi, moi, & s'il ne l'étoit pas, il faudroit qu'il le devenît, puisque Monsieu le Bailli le dit. Est-ce que la Justice est une menteuse, Madame Agathe ?

LE BAILLI.

Monsieur Charlot prend fort bien la chose, & il n'est pas qu'il n'ait quelque connoissance du fait.

CHARLOT.

Moi, Monsieur le Bailli ?

LE BAILLI.

Oüi vous : votre témoignage sera d'un grand poids dans cette affaire-ci.

CHARLOT.

Mon témoignage sera de poids ?

LE BAILLI.

Sans doute.

CHARLOT.

Pargué bon, tant mieux, vela de quoi me vanger de Madame Julianne. Ça voyons, qu'est-ce qu'il faut que je témoigne, Monsieur le Bailli ?

LE BAILLI.

Ce que vous sçavez, on ne vous demande pas autre chose.

CHARLOT.

Morgué je ne sçai rian, mais tout coup vaille. Si

vous veulez que je nous aimions, il faut dire comme moi, Madame Agathe.

Me AGATHE.

Je dirai la verité.

CHARLOT.

Et moi itou; mais aidez-nous à la dire, Monsieu le Bailli; car ce que je sçavons, nous, vous qui sçavez tout, vous le sçavez peut-être mieux que nous, par avanture.

LE BAILLI.

Mais le Meûnier & la Meûniere vivoient en très-mauvaise intelligence, premiérement.

CHARLOT.

Oh! pour stlà oûi, tous les jours ils se battiont ou ils se quérelliont très-réguliérement à une çartaine heûre, je fis témoin de ça.

Me AGATHE.

Et moi aussi, Monsieur le Bailli.

LE BAILLI.

Bon! le reste est une suite de cela, mes enfans. Le pauvre Julien s'enyvroit quelquefois?

CHARLOT.

Quelquefois; pargué très-souvent; il étoit coûtumier de ça quasiment autant que vous, Monsieu le Bailli!

LE BAILLI.

Voilà le fait; la femme aura pris le temps de l'yvresse du mari, pour executer son mauvais dessein.

CHARLOT.

CHARLOT.

Juftement, il avoit trop bû de vin, alle l'y aura voulu faire boire de l'iau, il n'y a rien de plus naturel, ça parle tout feul.

Me AGATHE.

Si ça eft, ça eft comme ça, Monfieu le Bailli?

LE BAILLI.

Ouï, on l'a jetté dans la riviere, & il ne fe trouve point; voilà ce qui eft d'embarraffant.

CHARLOT.

On l'y a mis une piarre au cou. Eft-ce une chofe fi rare qu'une piarre? En vela un gros tas tout proche du Moulin, où il m'eft avis qu'il en manque queuqu'une.

LE BAILLI.

Ouï, il en manque quelqu'une? voilà un bon indice; mais elle n'aura pas fait cela toute feule?

CHARLOT.

Non voirement, il faut ly bailler des camarades Hé! pargué, cet amoureux de Colette & fon valet, Monfieur de Lépine. Le défunt ne vouloit pas qu'il époufe fa niece. C'eft eux qui avont fait ce coup, Monfieu le Bailli.

LE BAILLI.

Vous croyez ça, Monfieur Charlot?

CHARLOT.

Si je le crois? je l'y en veux morgué trop pour ne me pas croire, & vous le croyez itou, vous, je gage;

C

C'eſt notre rival, Monſieur le Bailli, j'en jure-
rois, moi, en cas de beſoin ; ça ſuffira-t-il pour le
faire pendre ?

LE BAILLI.

Voilà une cruelle affaire pour ces gens-là !

CHARLOT.

J'allons, pargué, leur tailler de la beſogne.

LE BAILLI.

Je les ferai arrêter ſur votre dépoſition, & je
vais tout de ce pas faire chercher le Greffier pour
la venir recevoir.

CHARLOT.

Qu'il écrive ce qu'il voudra, je ſommes témoins
de tout, ne vous boutez pas en peine. Pargué, je
nous en allons bian rire.

SCENE XVI.

Me AGATHE, CHARLOT.

Me AGATHE.

Mais ſçais-tu bien que tu fais-là une fort
méchante action, mon pauvre Charlot ?

CHARLOT.

Bon ! queu conte ? ce n'eſt pas par méchanceté,
ce n'eſt que pour troubler la nôce, & faire enra-
ger Madame Julianne.

Me AGATHE.

Ce ne ſont pas-là des bagatelles ; il y a là de quoi

la ruiner tout au moins, & cela pourroit aller plus loin même.

CHARLOT.

Oh! que point, point, Madame Agathe, je nous dédirons quand on fera prêt de la pendre. La voici : fi vous m'aimez, laiffez-moi faire, ou fans ça la paille eft rompue.

SCENE XVII.

JULIENNE, Me AGATHE.

CHARLOT.

JULIENNE.

ALlons, gai, gai, mes enfans, allégreffe. Ma commere, Julian eft redécampé, je ly avons fait peur, & velà nos parens & nos amis qui s'en allont venir aux fiançailles; je ferons notre nôce tout à gogo, fans rabat-joie.

CHARLOT.

Oh! pargué, je gage que non: il faudroit pour ça qu'il n'y eût point dé Charlot, ni de Bailli, Madame Julianne. Mais, Dieu marci, je ne fis pas noyé, moi; tatigué, que je l'ai échappé belle?

JULIENNE.

Tu n'es pas noyé! vraiement je le vois bian.

CHARLOT.

Non, tatigué, je ne le fis pas, ni le le Bailli nan plus, je vous en avartis.

C ij

JULIENNE.

Quand il le feroit, il n'y auroit pas grand dommage ; mais voyez ce qu'il veut dire avec son noyé ! est-ce qu'il a perdu l'esprit, ma commere ?

Me AGATHE.

Dame ! acoutez, si fti-là est fou, Monsieu le Bailli n'est pas trop sage, ils disont comme ça tous deux, que vous avez fait noyer votre mari.

JULIENNE.

Je l'ai fait noyer, moi ! Vous venez de le voir, ma commere ?

Me AGATHE.

Ça est vrai, je l'ai vû ; mais le Bailli dit que non, & Charlot dit de même ; & comme ils font deux contre un, je ne fçai qu'en croire.

JULIENNE.

Tu ofes dire ça, toi ?

CHARLOT.

Parguenne ! oui, je l'ofe dire, & je fis sûr que ça est, j'en boutrois, morgué, la main au feu.

JULIENNE.

Ah, le malheureux !

SCENE XVIII.

JULIENNE, Me AGATHE, COLETTE, CHARLOT.

COLETTE.

AH! ma chere tante, fauvez-vous, vous êtes perduë.

JULIENNE.

Comment! qu'eſt-ce qu'il y a?

COLETTE.

Enfuyez-vous-en vîtement, vous dis-je, voilà le Bailli qui amaſſe du monde, pour venir vous prendre priſonniere.

JULIENNE.

Priſonniere! moi?

CHARLOT.

Pargué! bon, ça commence bian.

COLETTE.

Tout le Village dit que mon onele eſt noyé, & que c'eſt vous & Charlot qui avez fait cette belle affaire, pour vous marier enſemble.

CHARLOT.

Moi?

Me AGATHE.

Charlot?

C ij

COLETTE.

Oüi, toi-même ; & si cela est, tu feras bien de s'enfuir.

CHARLOT.

Morgué ! ça n'est point, c'est votre monsieu Clitandre, que vous velez dire.

COLETTE.

Clitandre !

CHARLOT.

Oüi, le Bailli est convenu que je le dirian' comme ça. Oh ! dame, si l'on fait un quiproquo je tire mon éplingue du jeu, MonsieuJulian n'est point noyé, je m'en dédis.

SCENE XIX.

JULIENNE, Me AGATHE CLITANDRE, COLETTE, CHARLOT.

CLITANDRE.

Rien ne retarde mon bonheur, j'ai donné les ordres nécessaires . . . . Mais ! que vois-je ! quelle consternation ! qu'avez-vous ?

JULIENNE.

Ah ! mon pauvre Monsieu Clitandre, voici de terribles affaires !

CLITANDRE.

Comment ?

JULIENNE.

Ce Bailli de malheur qui m'accuse d'avoir fait noyer mon mari !

CLITANDRE.

Ah ! quelle noirceur !

SCENE XX.

JULIENNE, Me AGATHE, CLITANDRE, COLETTE, LÉPINE, CHARLOT.

LÉPINE.

VOilà des Violons que je vous amenois, Monsieur : mais il faudra les renvoyer, je pense, & Monsieur le Bailli nous prépare d'autres occupations, à ce que je viens d'apprendre.

CLITANDRE.

Sçais-tu le fonds de cette affaire ?

LÉPINE.

Non, Monsieur, je sçai seulement qu'il prétend que nous avons noyé le Meûnier ; & que sur la déposition de ce maroufle, on a décreté contre vous & moi.

CLITANDRE.

Décreté contre nous !

E iv

CHARLOT.

Ah ! bon, paſſe pour ſti-là.

CLITANDRE *tire l'épée.*

Comment ? maraud....

CHARLOT.

Hé ! miſericorde, Monſieu, ne me tuez pas.

Mᵉ AGATHE.

Hé, pardonnez-lui, Monſieu Clitandre.

CHARLOT.

Ce n'eſt qu'une petite gaillardiſe que tout ça, la peſte m'étouffe.

CLITANDRE.

Une gaillardiſe, miſérable ?

CHARLOT.

Ah ! je ſis mort.

LÉPINE.

Ne vous emportez point, Monſieur, ceci n'aura pas de ſuites. Laiſſez-moi faire ſeulement, j'y vais donner ordre.

SCENE. XXI.

JULIENNE, Me AGATHE, CLITANDRE, COLETTE, CHARLOT.

JULIENNE.

Les maris ne donnent jamais que du chagrin, de quelque façon que ce soit, je fus plus morte que vive.

CLITANDRE.

Ne craignez rien, cette affaire est plus désagréable que dangereuse, & le retour de votre mari.....

JULIENNE.

Il est revenu, Monsieu Clitandre.

CLITANDRE.

Il est revenu ? l'imposture ne sera pas difficile à confondre.

JULIENNE.

Le malheureux Bailli & ce coquin-là disent que ce n'est pas ly.

CLITANDRE.

Tu dis cela, pendart ?

CHARLOT.

Moi ? je ne dis plus rian, j'ai perdu la parole.

CLITANDRE.

Il n'a qu'à se montrer, où est-il ?

C. iv

JULIENNE.

Il s'en eſt déja retourné, je l'ai trop mal reçû.
Où l'aller rechercher ? Ah ! s'il étoit ici ! Que je
ſis malheureuſe !

COLETTE.

Voilà ce vilain Bailli avec toute ſa ſequelle,
ma tante.

SCENE XXII.

JULIENNE, Mᵉ AGATHE, CLITANDRE, COLETTE, LE BAILLI, CHARLOT, *Suite du Bailli.*

CLITANDRE.

Avancez, Monſieur le Bailli, avancez,
mais que vos Records ſe tiennent écartés,
ſur-tout : car je donnerai de l'épée dans le ventre
au premier qui hazardera de s'approcher.

LE BAILLI.

Ah ! Monſieur, point d'emportement, ce ne
ſont ici que de petites formalités, dont le devoir
de ma Charge ne me permet pas de me diſpen-
ſer.

CLITANDRE.

Oüi, vous êtes fort exaſt : je le vois bien.

LE BAILLI.

L'affaire eſt importante, Monſieur, il y a ici mort d'homme & ſuppoſition, voyez-vous?

CLITANDRE.

Il n'y a ni l'un ni l'autre : mais il pourroit arriver, ſi vous vous mettez en devoir....

SCENE XXIII.

JULIEN, JULIENNE, Me AGATHE, CLITANDRE, COLETTE, LE BAILLI, LEPINE, CHARLOT.

LÉPINE.

Tirez, tirez, Monſieur le Bailli, & rengainez vos procédures; le défunt n'eſt par mort, le voilà que je vous amene.

JULIENNE *embraſſant ſon mari.*

Mon pauvre Julian ! mon cher mari !

JULIEN.

Comment! fatigué, queu changement! Julianne eſt devenuë bonne famme. En vous remerciant, Monſieu le Bailli, je n'avons plus que faire de vos écritures.

LE BAILLI.

Comment ! Hé, qui êtes-vous donc, mon ami ; vous qui raifonnez ?

JULIEN.

Qui je fis ? hé pargué, je fis moi, avez-vous la barluë ?

LE BAILLI.

Hé ! qui, vous ? Je ne vous connois point.

JULIEN.

Morgué ! tant pis pour vous. Vous êtes plus malade que vous ne croyais, pifque vous avez pardu connoiffance.

JULIENNE.

Vous ne reconnoiffez pas mon mari, Monfieu le Bailli ?

LE BAILLI

Ce ne l'eft point-là, Madame Julienne.

Me AGATHE.

Ce n'eft point-là le compere Julien ?

LE BAILLI.

Non, il y a plus de trois femaines qu'il eft noyé.

JULIEN.

Je fis noyé, moi ? palfangué, vous en avez menti, Monfieu le Bailli.

LE BAILLI.

Il y a un bon procès verbal qui certifie le fait.

JULIEN.

Oh tatigué ! je çartifie le contraire.

JULIENNE.

Et je nous gauſſons du procès verbal.

LE BAILLI.

C'eſt ce qu'il faudra voir.

CLITANDRE.

Ecoutez, Monſieur le Bailli, vous vous enga-
gez-là dans une affaire...

LE BAILLI.

Le Meûnier eſt noyé, cela aura des ſuites.

JULIEN.

Oh bien ! morgué, ſi je ſis nayé, c'eſt vous qu'l
faut pendre : car c'eſt de votre façon, puiſqu'il faut
tout dire.

CLITANDRE.

Comment, de ſa façon ?

JULIEN.

Oüi, voirement, c'eſt ly qui m'a conſeillé de
laiſſer croire ça, pour faire pendre Julianne.

JULIENNE.

Pour me faire pendre ? tu as eu ce cœur-là,
cher petit mari ?

JULIEN.

Morgué, je ne l'ai pas eu long-temps, comme
tu vois, je ſis ſans rancune. Ne me fais plus en-
rager, je n'irai plus à Nemours, vivons bien enſemble; la Juſtice en aura un pied de nez, & ſi
alle ne le boutera, morgué, pas dans nos affaires.

SCENE DERNIERE.

JULIEN, JULIENNE, CLITAN-
DRE, COLETTE, LEPINE, Mᵉ
AGATHE, LE BAILLI, CHAR-
LOT, MATURIN.

MATURIN.

MAdame Julianne, velà ces parſonnes que vous avez fait prier des fiançailles de Colette, qui n'oſont approcher, parce qu'ils voyont ici des gens de Juſtice.

JULIEN.

Ils avont morgué raiſon ; c'eſt une vilaine viſion. Mais parle donc, hé ! femme, eſt-ce que tu maries comme-ça notre niéce, ſans que j'en ſçache rien ?

JULIENNE.

Oüi, Julian, & ſi tu n'y bailles pas ton conſentement, je recommencerons à quereller, mon enfant, tu n'as qu'à dire.

JULIEN.

Oh ! palſanguè, non, ne querellons point, j'aime mieux faire tout ce que tu voudras.

CLITANDRE.

Vous n'aurez pas lieu de vous reprocher cette complaiſance.

JULIEN.

Je lo veux bien, velà qui eſt fini, Monſieu Clitandre.

M. AGATHE.

Tu ſçais bien cô que tu m'as promis, Charlot?

CHARLOT.

Hé! bien, touchez-là, je ſis garçon de parole.

JULIEN.

A la franquette, Monſieu le Bailli, je ſerai, moi, maugré vous, vous avez biau faire. Hé! mor" gué, laiſſez-nous en paix, je vous baillerons de bonne amiquié ce que vous pourrais gagner à nous parſécuter. N'eſt-ce pas être raiſonnables?

CHARLOT.

Allons, Monſieu le Bailli, Julien n'a pas tort; c'eſt vous & moi qui l'avions tantôt jetté à l'lau. Morguè, repêchons-le, qu'eſt-ce que ça nous coûtera?

LE BAILLI.

Je ſuis trop humain pour un Bailli, qu'il n'en ſoit plus parlé; mais au moins....

JULIEN.

Je feronsbien les choſes, ne vous boutez pas en peine. Touche-là, Julianne. Avec les fiançailles de Colette, j'allons faire notre remariage. Allons, pal- fanguè, que tout le monde vienne, & que tous les Menétriers jouyont queuque drôlerie, qui faſſe un peu trembouſſer ces jeunes filles.

DIVERTISSEMENT

DU

MARI RETROUVÉ.

M. TOUVENEL.

*P*Our célébrer les nôces de Colette,
Foldtrons, chantons & danfons ;
Qu'on faffe retenir les fons
Du hautbois & de la mufette,
Et que partout l'Echo répete
Nos agréables chanfons !

ENTRE'E

De deux Meûniers, & de deux Meûnieres.

Mᵉ AGATHE.

Les maris qu'on voit parmi nous
Sont marchandife bien mêlée ;
Pour bien faire, il faudroit les noyer prefque tous
Et la France, faute d'époux,
N'en feroit pas moins peuplée.

ENTRÉE

D'un Meunier, & de Madame Agathe.

CHARLOT.

Palſangué, ſi j'avois fait bien,
Lorſque vous careſſez ma petite Meûniere;
J'aurois ſur vous lâché mon chien,
Quoi ! me ravir Colette, à moi de la magniere,
Ça me déplaît, ça ne vaut rien,
C'eſt, morguenne, empêcher le cours de la riviere.
Pargué, c'eſt être bien malin,
De détourner l'iau d'un moulin.

ENTRÉE

De pluſieurs Meûniers & Meûnieres.

Mlle LOLOTTE.

Je ne ſuis qu'une Meûniere ;
Mais ſi l'Amour
Vouloit un jour
Me ranger ſous ſa loi ſévere,
Je me rirois de ſon deſſein ;
Et pour punir ce petit téméraire,
J'en ferois mon Garde-Moulin.

ENTRÉE

M. TOUVENEL.

Tu croyois, en aimant Colette,
Que tu n'aurois point de Rival ;
Mais le Moulin d'une coquette,
Eſt toujours un Moulin bannal.

ENTRÉE.

M. TOUVENEL.

Monsieur Clitandre a bon génie,
En faisant même un mauvais pas ;
Il prend Meûniere bien jolie ,
Son Moulin ne chômera pas.

Mlle LOLOTTE.

Avoir deux Amans en nature ,
Cela se peut , selon les loix ;
C'est tirer d'un sac deux moutures ,
Qu'avoir deux époux à la fois..

M. TOUVENEL.

Vous qu'Amour à l'hymen destine ,
Ecoutez bien cette leçon ,
Tel croit en avoir la farine ,
Qui souvent n'en a que le son.

www.ingramcontent.com/pod-product-compliance
Lightning Source LLC
LaVergne TN
LVHW022025080426
835513LV00009B/876